BOEKANALYSE

Romeo en Julia

· · · · · · · · · · · · · · · · · ·

WILLIAM SHAKESPEARE

AF131957

BOEKANALYSE

Geschreven door Johanna Biehler
Vertaald door Nikki Claes

Romeo en Julia

WILLIAM SHAKESPEARE

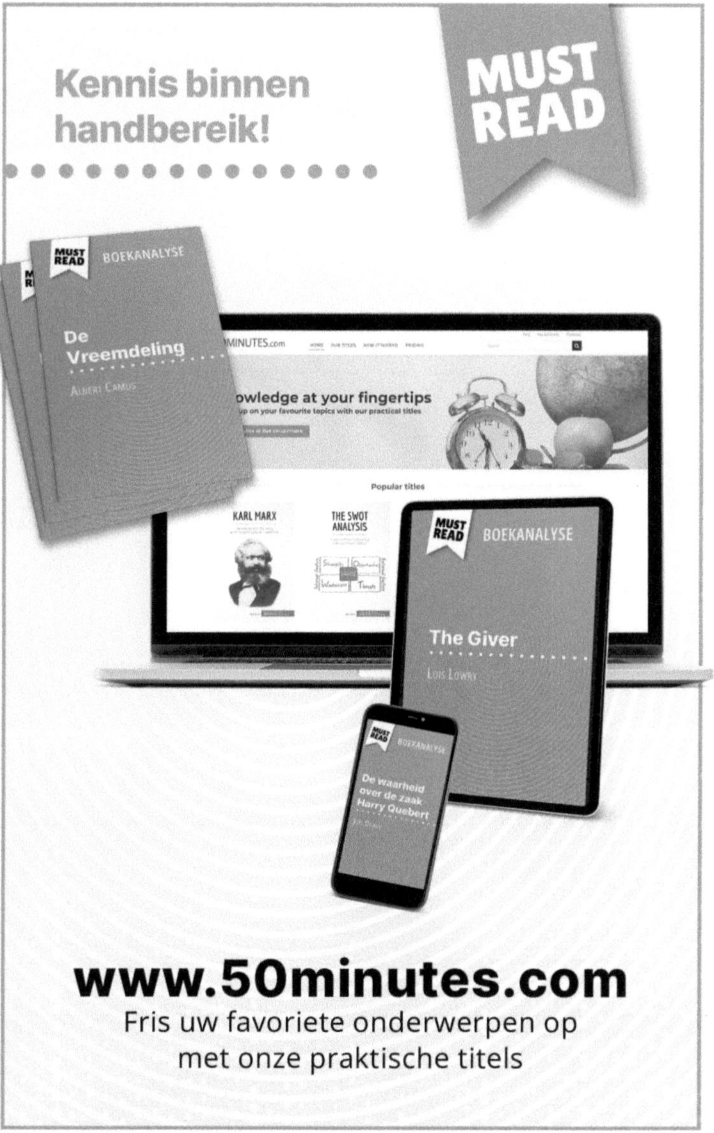
Kennis binnen handbereik!
MUST READ
MUST READ
BOEKANALYSE
De Vreemdeling
Albert Camus
owledge at your fingertips
Popular titles
KARL MARX
THE SWOT ANALYSIS
MUST READ
BOEKANALYSE
The Giver
Lois Lowry
BOEKANALYSE
De waarheid over de zaak Harry Quebert
www.50minutes.com
Fris uw favoriete onderwerpen op
met onze praktische titels

WILLIAM SHAKESPEARE

ENGELS DICHTER EN TONEELSCHRIJVER

- **Geboren in Stratford-upon-Avon in 1564**
- **Overleden in 1616**
- **Opmerkelijke werken:**
  - *A Midsummer Night's Dream* (1592-1595), komedie
  - *Richard III* (1592-1595), historisch toneelstuk
  - *Hamlet* (1595-1600), tragedie

William Shakespeare werd in 1564 geboren als dichter en toneelschrijver, een vooraanstaande Engelse literaire figuur, met name in het genre van het Elizabethaanse theater (genoemd naar koningin Elizabeth I, 1558-1603). Er is af en toe twijfel geweest over zijn historische bestaan, dat nu bewezen lijkt, hoewel sommige periodes van zijn leven mysterieus blijven. Hij schreef 37 toneelstukken, die alle in een van de vier categorieën vallen: historische toneelstukken zoals *Richard III*, komedies zoals *A Midsummer Night's Dream*, grote tragedies zoals *Hamlet* en, tenslotte, de laatste toneelstukken, waaronder die zoals *The Tempest*. In de jaren 1600 werd het theatergezelschap van deze acteur en schrijver, dat als een van de beste van Londen werd beschouwd, gevestigd in het Globe Theatre. William Shakespeare stierf in 1616.

ROMEO EN JULIA

HET LIEFDESVERHAAL DAT EEN MYTHE WERD

- **Genre:** toneelstuk (tragedie)
- **Referentie uitgave**: Shakespeare, W. (2000) *Romeo en Julia*. New York: Penguin Classics.
- **Eerste uitgave**: 1594-1595
- **Thema's:** haat, liefde, lot, verboden, vergif

Romeo en Julia, dat het midden houdt tussen een komedie en een tragedie, is het beroemdste liefdesverhaal uit de geschiedenis van de Engelse literatuur. Geschreven tussen 1594 en 1595, en voor het eerst gepubliceerd in 1597, vertelt dit toneelstuk in vijf bedrijven het tragische lot van twee jonge geliefden waarvan de respectieve families, namelijk de Capulets en de Montagues, elkaar altijd hebben gehaat.

De structuur van het stuk is eenvoudig en er zijn geen subplots. Het verhaal, verspreid over vier dagen, speelt zich af tijdens de maand juli in Verona en Mantua, twee steden uit het noorden van Italië, in het begin van de 14th eeuw.

SAMENVATTING

PROLOOG

Het refrein introduceert het tragische verhaal van twee adellijke families uit Verona.

AKTE I

Scène 1

Er breekt ruzie uit tussen lakeien van de twee vijandige families. Benvolio, de neef van Montague en Tybalt, de neef van de Capulets, proberen hen uit elkaar te drijven, maar vechten uiteindelijk tegen elkaar. De prins van Verona, Escalus, komt tussenbeide en bedreigt hen met de dood als ze de vrede in de stad opnieuw verstoren. Ze gaan ieder hun eigen weg, terwijl Benvolio achterblijft om met Montague en zijn vrouw te praten over de melancholische stemming van hun zoon Romeo. Romeo komt binnen en biecht Benvolio zijn wanhoop op, veroorzaakt door zijn liefde voor Rosaline, een jonge vrouw die een gelofte van kuisheid heeft afgelegd.

Scène 2

Capulet praat met Paris, een jonge heer die met zijn dochter Julia wil trouwen. Capulet nodigt hem uit voor een feest dat hij diezelfde avond organiseert, waar Paris de gelegenheid zal hebben Julia het hof te maken. Hij geeft zijn bediende ook een gastenlijst. Omdat de bediende analfabeet is, vraagt hij de hulp van Romeo en Benvolio, die de lijst voorlezen. De bediende nodigt hen uit voor het feest.

Scène 3

In het huis van de Capulets vraagt Lady Capulet, vergezeld door de voedster, aan Julia wat ze van het huwelijk vindt. Julia antwoordt dat ze er nog niet aan denkt. Haar moeder vraagt haar het aanzoek van Paris te overwegen.

Scène 4

Romeo, Benvolio en Mercutio, met maskers op, komen aan op het feest. Romeo geeft toe dat hij een droom had waarin naar het feest gaan uitliep op een ramp.

Scène 5

Capulet verwelkomt zijn gasten. Romeo, overweldigd door Juliet's schoonheid, vergeet onmiddellijk Rosaline. Tybalt herkent Romeo's stem en wil hem doden. Capulet beveelt hem om een schandaal te voorkomen. Tybalt zweert wraak te nemen. Romeo benadert Julia, ze praten en ze kussen. Romeo hoort met wanhoop dat zij een Capulet is. Ontredderd verlaat hij het feest. Ook Julia is ontzet als ze hoort dat Romeo een Montague is.

ACTE II

Proloog

Het refrein beschrijft de ontluikende liefde van Romeo en Julia en hoe moeilijk het voor hen is om elkaar weer te zien, gezien de haat tussen hun families.

Scène 1

Romeo klimt over de muur van de tuin van de Capulets. Benvolio en Mercutio zoeken hem, zonder succes.

Scène 2

Julia verschijnt bij het raam, en, onwetend van Romeo's aanwezigheid, begint zich over hem te verbazen. Tot haar verbazing antwoordt Romeo. Ze bekennen elkaar hun liefde.

Scène 3

Romeo gaat naar broeder Laurence en bekent dat hij van Julia houdt en met haar wil trouwen. Laurence, die dit ziet als een middel om de twee families te verzoenen, stemt in met het huwelijk.

Scène 4

Romeo ontmoet Benvolio en Mercutio en legt zijn verdwijning van de vorige dag uit. De verpleegster verschijnt en vraagt of ze Romeo kan spreken. Er wordt besloten dat de bruiloft diezelfde middag moet plaatsvinden.

Scène 5

In de tuin wacht Julia vol ongeduld op het nieuws van haar verpleegster. De verpleegster arriveert en adviseert haar te gaan biechten.

Scène 6

Julia ontmoet Romeo en Laurence. De broeder trouwt hen.

AKTE III

Scène 1

Er breekt een strijd uit tussen de Montagues en de Capulets. Tybalt provoceert Romeo, maar Romeo weigert te vechten. Mercutio valt Tybalt aan en sterft nadat hij is neergestoken. Dan wreekt Romeo zijn vriend en doodt Tybalt. Benvolio adviseert hem te vluchten om een doodvonnis te ontlopen. De prins arriveert en verbant Romeo uit Verona.

Scène 2

Julia wacht op Romeo in de tuin. De verpleegster arriveert en vertelt haar van de dood van Tybalt en de verbanning van haar geliefde.

Scène 3

Broeder Laurence kondigt zijn vonnis aan Romeo aan. Romeo gaat afscheid nemen van Julia voordat hij Verona verlaat voor Mantua, waar hij zal blijven totdat Friar Laurence hun huwelijk bekend maakt.

Scène 4

Capulet biedt Paris de hand van zijn dochter aan en de trouw-datum wordt vastgesteld op de volgende donderdag.

Scène 5

Kort voor zonsopgang staat Romeo op het punt de slaapka-mer van Julia te verlaten. Het paar kust en Romeo ontsnapt door het raam; Vrouwe Capulet komt binnen en kondigt het toekomstige huwelijk van haar dochter met Paris aan. Julia weigert. Als hij hoort dat zijn dochter weigert, dreigt Capulet haar te verstoten. Julia vraagt haar moeder om genade, maar haar moeder weigert haar te helpen. Ook haar voedster raadt haar aan met Paris te trouwen. Verraden doet Julia alsof ze haar lot aanvaardt en gaat biechten bij broeder Laurence.

AKTE IV

Scène 1

Laurence spreekt met Paris over zijn aanstaande verbintenis met Julia. Juliet arriveert en vraagt de priester om raad. Hij geeft haar een flesje met een drankje dat haar 42 uur lang dood doet lijken. Als ze wakker wordt, zal Romeo, gewaarschuwd door Laurence, haar meenemen naar Mantua.

Scène 2

Julia kondigt aan haar ouders aan dat ze met Paris zal trouwen. Er wordt besloten dat het huwelijk eerder dan gepland moet plaatsvinden, namelijk de volgende ochtend.

Scène 3

Juliet vraagt of ze vannacht alleen in haar kamer mag blijven. Ondanks haar vele bedenkingen, drinkt ze het drankje.

Scène 4

Capulet, die de hele nacht wakker is gebleven om de voorbereidingen af te maken, stuurt de verpleegster om Julia te wekken.

Scène 5

De verpleegster vindt Juliet liggend op haar bed, levenloos. Ze betreuren allemaal haar dood. Laurence zet hen onder druk om haar begrafenis te organiseren.

AKTE V

Scène 1

In de straten van Mantua komt Romeo zijn page, Balthazar, tegen die hem vertelt over de dood van zijn geliefde. Overweldigd besluit Romeo de nacht aan haar zijde door te brengen. Onderweg stopt hij bij een apotheker en koopt vergif.

Scène 2

Broeder Laurence verneemt dat broeder Johannes, aan wie hij een brief aan Romeo had gegeven waarin hij alles uit-legde, de stad niet kon verlaten wegens een pestepidemie. Laurence vertrekt om Julia te redden.

Scène 3

Terwijl hij bloemen legt op het graf van Julia, hoort Paris lawaai en verstopt zich. Romeo arriveert met Balthazar, aan wie hij een brief aan zijn vader toevertrouwt. Romeo opent het graf waarin Julia ligt. Paris herkent Romeo, die hij verant-woordelijk acht voor de dood van Julia, omdat zij sinds de dood van Tybalt ontroostbaar leek. Hij probeert hem tegen te houden, maar Romeo doodt hem. Hij kust Julia nog een laatste keer en drinkt het gif. Julia wordt wakker en kust Romeo, in de hoop dat er misschien nog wat gif op zijn lippen zit. Als ze de bewakers hoort naderen, grijpt ze Romeo's mes en pleegt zelfmoord. De bewakers arresteren Balthazar en broeder Laurence. De Capulets, de Montagues en de prins arriveren. Montague deelt mee dat zijn vrouw de vorige nacht van verdriet is gestorven. De prins ondervraagt Laurence, die het tragische verhaal van Romeo en Julia vertelt. Romeo's brief aan zijn vader bevestigt het verhaal. Voor de lichamen van hun dode kinderen verzoenen Montague en Capulet zich.

KARAKTERSTUDIE

ROMEO

De enige zoon van Montague en Lady Montague, Romeo is nog geen 20 jaar oud. Hij is een idealist en een onvoorspelbare jongeman. Zijn gedrag is soms extreem, wat tot zijn ondergang zal leiden. Hij wordt gewaardeerd en gerespecteerd in Verona. Hoewel zijn familie voortdurend in conflict is met de Capulets, interesseert geweld hem niet. Hij is alleen geïnteresseerd in de liefde en is vooral verliefd op het idee van de liefde zelf. Zijn gevoelens rijpen in de loop van het stuk. Aanvankelijk is hij verliefd op Rosaline, maar hij vergeet haar zodra hij Juliet ziet, met wie hij een intense passie zal delen die tot zijn dood zal leiden. Hij is ook een trouwe vriend die niet aarzelt om Tybalt te doden om de dood van Mercutio te wreken.

JULIET

Als enige dochter van Capulet en Lady Capulet is Julia nog geen 14 jaar oud. Hoewel ze niet veel van de liefde weet, wordt ze op slag verliefd op Romeo, aan wie ze haar leven onbeperkt geeft. Als volgzaam en lief jong meisje verlaat ze zelden haar huis en brengt ze veel tijd door in de tuin, die symbool staat voor haar eenzaamheid. Haar enige vriend is haar voedster, die ze niet aarzelt af te wijzen als ze zich tegen Romeo verzet. Het karakter van Julia groeit in wijsheid gedurende het verhaal. Van een overbeschermd en naïef meisje verandert ze in een vastberaden en zelfverzekerde jonge vrouw. Terwijl Romeo impulsief handelt, is Julia pragmatischer: zij denkt na over de situatie en de praktische kant van de zaak.

MERCUTIO

Hij is familie van de prins en een goede vriend van Romeo. Hij is vrolijk en brutaal, speelt graag met taal en zijn spraak is doorspekt met woordspelingen. Hij deelt Romeo's romantische visie niet en probeert hem ervan te overtuigen de liefde alleen als een seksuele bevrijding te beschouwen. Vermoord door Tybalt tijdens een gevecht, is hij het enige personage in het stuk dat niet denkt dat zijn dood de daad van het lot is. Bij zijn dood geeft hij de Capulets en de Montagues de schuld van zijn dood.

DE VERPLEEGSTER

Zij is de surrogaatmoeder van Julia en is zeer spraakzaam en maakt vaak grappige, zo niet ronduit schandalige opmerkingen. Als vertrouwelinge fungeert zij als tussenpersoon tussen Romeo en Julia. Haar visie op de liefde is het tegenovergestelde van die van Julia: terwijl de jonge vrouw een idealist is, is de verpleegster meer nuchter en vindt ze elke rijke en knappe jongeman een goede vrijer.

BROEDER LAURENCE

Als franciscaner broeder is hij een gematigd en redelijk man, die de vereniging van Romeo en Julia ziet als een kans op een verzoening tussen de twee vijandige families en de terugkeer van de vrede in Verona. Hij is goed thuis in de botanische kunsten en bereidt een drankje voor Julia dat haar de schijn van dood zal geven. Hoewel de plannen die hij maakt allemaal het resultaat zijn van goede bedoelingen, zullen ze toch de dood van de twee geliefden veroorzaken.

TYBALT

 Als neef van de Capulets en neef van Julia is hij de levende belichaming van de haat tussen de Capulets en de Montagues. Gewelddadig en voortdurend boos, wordt hij uiteindelijk gedood door Romeo.

BENVOLIO

Montague's neef, is een trouwe vriend van Romeo. In tegenstelling tot Tybalt is hij een pacifist die conflicten probeert te vermijden.

MONTAGUE

Echtgenoot van Lady Montague en vader van Romeo, hij is het hoofd van de Montague familie.

LADY MONTAGUE

De vrouw van Montague en de moeder van Romeo, maakt zich veel zorgen over haar zoon en sterft van verdriet als hij uit Verona wordt verbannen.

CAPULET

Echtgenoot van Lady Capulet en vader van Julia, is hij een gerespecteerd man die gemakkelijk boos wordt. Als liefhebbende vader gelooft hij dat hij het beste met zijn dochter voorheeft.

LADY CAPULET

De vrouw van Capulet en moeder van Julia, heeft haar dochter niet opgevoed en kent haar niet goed. Ze is onbekwaam en doet een beroep op de verpleegster als ze met haar dochter wil praten.

PARIJS

Als jonge heer is hij volgens Capulet de beste echtgenoot die Julia zou kunnen hebben. Hij is een respectabele man die Julia volgens de regels het hof maakt (hij ontmoet haar in openbare gelegenheden, vraagt haar vader om haar hand, enz.) Maar hij is ook een nietszeggend man, die niet veel aandacht schenkt aan Julia, zodanig dat hij de ware reden van haar verdriet niet kent.

PRINS ESCALUS

Als prins van Verona probeert hij de vrede in de stad te bewaren en grijpt hij in als er een strijd uitbreekt.

BROEDER JOHANNES

Als franciscaner broeder wordt hij geacht de brief van broeder Laurence naar Romeo te brengen, maar hij wordt verhinderd de stad te verlaten, wat uiteindelijk het tragische einde van Romeo en Julia veroorzaakt.

ROSALINE

Zij is de jonge vrouw waar Romeo aan het begin van het verhaal wanhopig verliefd op is. Ze verschijnt nooit op het toneel.

ANALYSE

ELIZABETHAANS THEATER

Deze nieuwe vorm van theater ontstond in Engeland aan het begin van de regering van koningin Elizabeth I en bleef overheersen van de tweede helft van de 16th eeuw tot de eerste helft van de 17th eeuw.

Vanaf 1560 onderging het Engelse theater een reeks veranderingen. Vóór die datum bestond het theater als locatie niet. De vaak religieuze, toneelstukken werden opgevoerd op stadspleinen, in scholen, enz. Acteur zijn was geen echt beroep.

- Er werden troepen professionele acteurs gevormd, ondanks de bezwaren van de Kerk. De eerste Engelse toneelschrijver verscheen in de jaren 1580 en John Lyly, Christopher Marlowe en Thomas Kyd schreven toneelstukken van een nieuw genre, speciaal geschreven voor professionele theaters, wat een belangrijke verandering was. In 1567 werd het eerste Engelse theater, de Red Lion, opgericht. Andere volgden, zoals de Globe (1596), waar het gezelschap van Shakespeare zou optreden.

- Het was in die context dat Shakespeare in Londen aankwam en begon te schrijven. Helaas lieten de puriteinen, die theateractiviteiten als immoreel beschouwden, de theaters meerdere malen sluiten.

Wat betreft de architectuur van het Engelse theater was het monument, in cirkelvorm, verdeeld in verschillende scenische ruimten:

- De binnenplaats, waar het publiek zat, had geen dak;

- In dat hof stak een rechthoekig podium uit, dat de acteurs dichter bij het publiek bracht;

- Aan elke kant van het toneel waren twee annexe ruimtes en een balkon, waar de scènes van secundair belang plaatsvonden;

- Deze publieke theaters konden tot drieduizend toeschouwers bevatten.

- De Elizabethaanse toneelstukken werden in één keer opgevoerd, zonder scène-indelingen (die werden in de 18th eeuw door de bewerkers van Shakespeare's toneelstukken toegevoegd). Zo lijkt act IV van *Romeo en Julia*, verdeeld in vijf korte scènes, voor de moderne toeschouwer misschien lang, maar in het Elizabethaanse theater ging het sneller.

- Er waren ook weinig decors en lichteffecten; daarom zeggen de personages vaak waar ze heen gaan ("Vandaar zal ik naar de cel van mijn spookachtige vader gaan", II, 2) en hoe laat het is ("Goedemorgen, neef [...] Maar het was negen uur", I, 1).

Dit soort productie, eenvoudig en efficiënt, zorgde voor een vorm van intimiteit tussen de acteurs en hun publiek, die deel uitmaakte van de voorstelling.

LIEFDE EN HAAT

Dit zijn de twee hoofdthema's van het stuk. Deze hartstochtelijke gevoelens zijn door hun extreme aard zeer gewelddadig en leiden tot de dood van veel hoofdpersonen.

- Haat is constant. We weten niet waarom de Capulets en de Montagues elkaar haten. We weten dat ze behoren tot twee families "beide gelijk in waardigheid" (proloog); de toeschouwer is niet geneigd een kant te kiezen. De haat manifesteert zich onder alle sociale klassen: de bedienden, de jongemannen en hun meesters. Door deze haat is de liefde tussen Romeo en Julia onmogelijk. Noch de staat (prins Escalus), noch de religie (broeder Laurence) slagen erin haar te beëindigen. Het is de dood van Romeo en Julia en de schaamte die hun vaders voelen over deze belachelijke strijd tussen hen, en die de dood van hun kinderen veroorzaakte, die hen zal verzoenen.

- Liefde is gewelddadig. Het is een krachtige kracht die alle andere waarden en emoties in het stuk overwint. Romeo en Julia zijn bereid hun families te verloochenen (Romeo: "Noem me maar liefde, en ik zal nieuw gedoopt worden;/ Hierna zal ik nooit meer Romeo zijn" II, 2) en hun vrienden (Julia, verraden door haar verpleegster: "Ga, raadsman;/U en mijn boezem zullen voortaan twee zijn" IV, 5) en zelfs het gezag dat over hen heerst (Romeo komt Julia opzoeken ondanks zijn verbanning uit Verona) in naam van hun liefde. Liefde is geen delicaat gevoel in *Romeo en Julia*. *Romeo en Julia is* geen romantische roman: liefde is een brutaal, krachtig gevoel, de tegenpool van de romantische poëzie die Romeo aan het begin van de roman leest als hij nog verliefd is op Rosaline. De liefde die ontstaat tussen Romeo en Julia is dan ook direct gerelateerd aan geweld. Wanneer de twee geliefden elkaar ontmoeten tijdens een feest van Capulet, merkt Tybalt de aanwezigheid van Romeo op en belooft hem te doden (I, 5).

Het is belangrijk op te merken dat het stuk eindigt met de verzoening van de twee families, wat de triomf van de liefde betekent, en niet met het einde van Romeo en Julia, wat de triomf van de haat zou hebben betekend. Liefde is hier een algemeen, universeel begrip, dat onafhankelijk bestaat van de gevoelens die twee individuele mensen voor elkaar hebben.

DESTINY

Het noodlot en het lot zijn zeer aanwezig in *Romeo en Julia*: het beheerst de toekomst van de personages.

In de proloog kondigt het koor aan dat hun liefde "death-mark'd" is en dat de geliefden "star-cross'd" zijn. De toeschouwer weet dus vanaf het begin van het stuk dat de geliefden ten dode zijn opgeschreven. Dit tragische einde wordt meerdere malen in het stuk genoemd en de hoofdpersonen zijn zich ervan bewust:

- Voordat hij naar het feest gaat waar hij Julia zal ontmoeten, zegt Romeo: "Ik vrees, te vroeg: want mijn geest vermoedt dat een of ander gevolg dat nog in de sterren hangt, bitter zal beginnen aan zijn angstige datum, met het feest van deze nacht en de termijn zal doen verstrijken van een veracht leven dat in mijn borst is gesloten, door een of andere gemene veroordeling van een vroegtijdige dood" (I, 5);

- Nog voor ze Romeo's identiteit kent, zegt Julia dat: "Als hij getrouwd is, is mijn graf mijn huwelijksbed" (I, 5).

Maar gedurende het hele verhaal proberen Romeo en Julia, zonder succes, hun lot te kruisen:

- Als hij hoort van Julia's vermeende dood, roept Romeo uit: "Dan daag ik je uit, sterren!" (V, 1), en probeert zijn zelfmoord tegen te gaan door gif te kopen. Helaas is het deze daad die hem tot zelfmoord drijft;

- Romeo merkt meerdere malen op dat hij de weg die zijn lot heeft afgelegd niet kan verlaten. Als hij net Tybalt heeft gedood, roept hij uit: "O, ik ben de dwaas van het lot!" (III, 1).

Het lot manifesteert zich door een reeks toevalligheden en ongelukkige ongelukken, en werpt obstakels op het pad van de geliefden:

- Ondanks Friar Laurence's uitgebreide plan lukt het Friar John niet om Romeo de brief met uitleg te geven: "Unhappy fortune! by my brotherhood,/The letter was not nice but full of charge/Of dear import, and the neglecting it/May do much danger" (V, 2);

- Julia wordt wakker op het moment dat het gif Romeo overwint: "O comfortabele broeder! Waar is mijn heer? Ik weet nog goed waar ik moet zijn, en daar ben ik. Waar is mijn Romeo?" (V, 3).

Dit concept van het lot wordt zeer vaak gebruikt in middeleeuwse tragedies. In de latere toneelstukken van Shakespeare wordt de ondergang en de dood van de hoofdpersonen niet meer aan het lot toegeschreven, maar lokken de personages door hun handelingen en keuzes zelf hun ondergang uit. Dit is met name het geval in *King Lear* en *Othello*.

VERDERE REFLECTIE

ENKELE VRAGEN OM OVER NA TE DENKEN....

- In het toneelstuk heeft de tuin een zeer sterke symbolische rol. Denk aan andere beroemde tuinen en verklaar hun plaats in de verhalen waarin ze genoemd worden.

- Jean-Paul Sartre (Frans schrijver en filosoof, 1905-1980) stelde dat: "De hel is andere mensen". Geef commentaar op dit citaat met betrekking tot *Romeo en Julia*.

- Romeo en Julia zijn universeel bekende personages. Zoek voorbeelden van andere beroemde koppels in de literatuur, film en theater, en vergelijk ze met de geliefden van Verona.

- zegt Broeder Laurence, over de planten en kruiden die hij kweekt:

  > *"O, heerlijk is de krachtige genade die schuilt in kruiden, planten, stenen en hun ware kwaliteiten:/ Want niets dat zo gemeen is dat het op de aarde leeft/ Maar aan de aarde een bijzonder goed geeft,/ noch iets dat zo goed is, maar onder druk staat van dat eerlijke gebruik/Revolueert van ware geboorte, struikelend over misbruik:/Deugd zelf wordt ondeugd, omdat het verkeerd wordt toegepast;/En ondeugd wordt soms door actie verheven" (II, 3).*

  Hoe worden deze woorden van broeder Laurence geverifieerd in het stuk?

- Het verhaal in het stuk speelt zich af over vier dagen en de tijdsaanduidingen zijn zeer nauwkeurig (Julia en Paris trouwen op een donderdag, Julia stuurt haar verpleegster om negen uur naar Romeo, enz.) Welk effect heeft dit beheer van de tijd volgens u?

- In de eerste scène van *Romeo en Julia* bijt Samson, een page van Montague, in zijn duim voor de ogen van de Capulet als provocatie. Wat stelt deze daad voor en wat vertelt het ons over het conflict tussen de twee families?

- "O Romeo, Romeo! Waarom ben je Romeo? Verloochen je vader en weiger je naam; Of, als je niet wilt, beëdig mijn liefde,/En ik zal niet langer een Capulet zijn" (II, 2). Wat laat dit citaat zien over de individualiteit van Romeo en Julia tegenover de familiaire identiteit van de twee clans?

- Wat is de aard van de relaties van Romeo en Julia met hun ouders? Is er sprake van een generatieconflict?

- Julie-Anne Roth, een actrice die de rol van Julia speelde in de door Stuart Seide geregisseerde voorstelling, verklaart: "Ik heb vaak de indruk gehad dat Romeo en Julia in de richting van meligheid werden geduwd. Ik weet zeker dat deze twee geliefden niets te maken hebben met twee tortelduifjes in roze tinten". Commentaar op dit citaat.

- *In A Midsummer Night's Dream*, een ander toneelstuk van Shakespeare, worden dag en nacht vaak tegenover elkaar gesteld, wat ook in *Romeo en Julia* sterk aanwezig is. Hoe kunnen de wederwaardigheden van de jonge hoofdpersonen van dat stuk worden vergeleken met die van Romeo en Julia?

- Vergelijk *Romeo en Julia* met andere toneelstukken van Shakespeare (*King Lear, Othello, Macbeth*, enz.) wat betreft de betekenis en de rol van het lot.

VERDER LEZEN

REFERENTIE-UITGAVE

Shakespeare, W. (2000) *Romeo en Julia*. New York: Penguin
Classics.

REFERENTIESTUDIES

Morris, H. (1970) *Romeo en Julia* (Shakespeare). Oxford: Basil
Blackwell.

SparkNotes Redactie (2007) *SparkNotes over* Romeo en Julia.
[Online]. SparkNotes LLC. [Accessed 27 september 2016].
Beschikbaar via: < http://www.sparknotes.com/shakespeare/
romeojuliet/>

AANPASSINGEN

Er zijn ongeveer twintig bewerkingen en filmische varianten van
Shakespeare's werk.

Romeo + Juliet. (1996) [Film]. Baz Luhrmann. Dir. USA: Bazmark
Films.

Een andere film die interessant zou zijn om te bekijken is
Shakespeare in Love, die, door het leven van Shakespeare en
het verhaal van *Romeo en Julia te* vermengen, informatie
geeft over de auteur en de tijd waarin hij leefde:
Shakespeare in Love. (1998) [Film]. John Madden. Dir. USA:
Universal Pictures.

*We horen graag van jou! Laat
een reactie achter op jouw online bibliotheek
en deel je favoriete boeken op social media!*

Waarom kiezen voor Must Read?

Kom alles te weten over een boek met onze beknopte en diepgaande samenvattingen en analyses!

Ontdek het beste uit de literatuur in een compleet nieuw licht!

www.50minutes.com

De uitgever garandeert de betrouwbaarheid van de gepubliceerde informatie, die echter niet onder zijn verantwoordelijkheid valt.

www.50minutes.com

Master ISBN: 9782808688147
Papier ISBN: 9782808699549
Wettelijk depot: D/2023/12603/1234

Omslag: © Primento

Digitaal ontwerp: Primento, de digitale partner van uitgevers.